EU NÃO VOU FAZER MEDEIA

EU NÃO VOU FAZER MEDEIA

Magne van den Berg

tradução
Jonathan Andrade

consultoria de tradução
Mariângela Guimarães

Coleção Dramaturgia Holandesa

Sumário

Sobre a tradução,
por Jonathan Andrade — 7

EU NÃO VOU FAZER
MEDEIA — 11

Sobre a Coleção Dramaturgia Holandesa,
por Isabel Diegues — 67

Sob as lentes da internacionalização de
dramaturgias: Países Baixos em foco,
por Márcia Dias — 71

Criando laços entre Brasil e Holanda,
por Anja Krans — 75

Núcleo dos Festivais: Colecionar,
um verbo que se conjuga junto,
por Núcleo dos Festivais Internacionais
de Artes Cênicas do Brasil — 77

Sobre a tradução

Talvez sejam os mistérios alguns dos regentes mais operantes do teatro. Digo isso porque talvez sejam essas as forças que esboçam os palcos em todos os espaços e tempos, antes mesmo de ser corpo, de nos parirmos corpo. Talvez sejam essas as pulsões — materiais e imateriais — que se agarram às palavras, que se estranham e/ou entranham as afetividades, e a partir daí, talvez, desse movimento vital que cutuca a existência, renasça a possibilidade de reescrituras e ressignificâncias da vida humana. Vida essa imergida e emergida a cada segundo de "ação" em uma cena. Seria possível traduzir essa força do teatro? Teria palavra, endereço ou ossatura? Que licença deveria eu pedir para me aproximar e assim poder traduzir o texto primoroso de Magne van den Berg? Que mistério teria ela acordado para escrever seu texto? Como eu tão longe, em minhas condições e naturezas, poderia ouvir e sentir e ser e estar seu texto?

Como de costume, o estômago do teatro nos digere por inteiro. Sem possibilidade de volta, a ida é uma condição da presença. A tradução me exigiu por inteiro, como o palco, como a cena, como os mistérios. *Eu não vou fazer Medeia* me lançou a um dos olhos mais bonitos que o teatro — generosamente e cruelmente — nos apreende: as memórias e, nelas, os encontros e reencontros irremediáveis.

Morei no Suriname aos 11 anos de idade, e foi lá que tive contato com o holandês. Não imaginaria que anos depois, aos 38 anos, teria a "tarefa" de traduzir uma peça originalmente escrita em holandês. Foi também no Suriname que aprendi inglês, o que me possibilitou essa jornada. O convite para integrar esse projeto chega na mesma semana que resgatei o contato com uma vizinha de lá, amiga de infância, quem inclusive me ensinou a entender o idioma na época. Coincidência ou sincronicidade, eu não sei se traduziria esse acontecimento dessa maneira. Seriam os mistérios da vida, cúmplices do teatro, me brincando aceitar esse desafio? Eu nunca havia traduzido um texto antes. Não profissionalmente.

Aceito o desafio, em meio à pandemia, começo entontecido e assustado e termino a tradução com uma personagem me fazendo chorar. Muito.

de saudade do teatro
Por sentir o que ela sente
De também ruminar e desaguar
Frase a frase
Frase debaixo de frase
Desabafo a desabafo
Inconformidades
Desencontros
Sentidos
Utopias mentidas
Dúvidas

Não sei.

Difícil achar as palavras na vida, assim também no exercício da tradução. Porque nenhuma palavra é em vão, e nelas talvez habitem aldeias e mais aldeias de sentidos. Sentidos também são almas.

Termino a última página da tradução denunciado pelo texto. Sem esconderijo, máscara ou rota de fuga possível. Eu também estava em um banquinho na minha varanda. Eu também vi o dia se tornar noite, longe do teatro.

Traduzir foi como passar um pincel delicado em um fóssil, para tirar as camadas de areia e terra que estavam sobre ele, para encontrá-lo no que ele é, em seu tempo e espaço. A delicadeza desse varrer é também o entusiasmo de descobrir sua história, suas memórias, e talvez o mundo dito por ele. Talvez ser memória junto ao fóssil.

O texto original é de uma beleza sem fim, e agradeço imensamente o encontro com ele. A minha intenção de aproximação, escuta e reverência me fez também dizer: eu não vou fazer Medeia. E assim como a personagem, eu também não fiz.

Em um período tão violento para o teatro e para a cultura no Brasil, onde o desvalor e a precarização dos aparelhos de cultura estão instituídos, e a solidão dos criadores em uma pandemia nos leva a um oceano de questionamentos, eu, sinceramente, apesar da distância cultural em relação ao texto original, me vi. Vi muitos de nós brasileiros.

Nessa primeira tradução, eu talvez tenha sido mais corpo e pele que qualquer outra coisa. Fui desabafo e vômito como a personagem. Ruminei tudo.

Agradeço imensamente ao Guilherme Reis pela lembrança e o convite.

Agradeço imensamente a Márcia Dias, pelo convite, confiança e pelo presente na escolha do texto.

Agradeço a Mariângela Guimarães a imensidão e a *expertise* que tanto me ensinaram.

Agradeço a toda a equipe o nosso encontro nesse projeto tão delicado e necessário.

Esta tradução foi um desafio delicioso. Foi um presente de vida. Na minha alma o teatro esteve em FEsta. Acordado e convulsivo. Do jeito que eu o reconheço em mim.

Agradeço a oportunidade de traduzir este texto tão belo e poder colaborar para manter o teatro vivo, circulando no mundo, também pelas palavras tão vivas.

Jonathan Andrade

EU NÃO VOU FAZER MEDEIA

de Magne van den Berg

Personagens

ATRIZ — MEDEIA
CORO

Prólogo

CORO:
tem um silêncio no ar hoje
sim
consegue ouvir também
sim
o silêncio de um novo começo
sim
ou de um fim
sim
o que na verdade significa o mesmo
sim
se você começa algo
sim
você também finaliza
sim
ainda que você nunca perceba um novo começo implica um fim
não
provavelmente se você o chamasse de fim não o começaria
talvez não

ou talvez começasse
sim talvez começasse
mas talvez não
não talvez não
ela está atrasada hoje
sim ela está atrasada
mas estará aqui a qualquer momento

ATRIZ:
eu não vou fazer medeia esta noite
eu não consigo fazer
eu não sei
mas eu não posso entrar em cena
eu não consigo
entrar em cena
esta noite

não é por causa
do menino do café
não é por causa da crítica
nem é por causa do público
do público
de ontem à noite
depois da apresentação
ou melhor
a falta de público depois da apresentação

não é porque eu tive que esperar meia hora pelo meu café agora há pouco
porque o menino que serve café me deixou esperando meia hora no balcão
também não é porque eu tive que pagar três euros
não é por isso
nem é porque eu cheguei em casa às duas da manhã
e às quatro da tarde estava de novo no trem de volta
pra cá
não é isso
mas
tem uma coisa

que me impede de subir ao palco esta noite
eu não vou
eu não quero
eu não quero me apresentar
não aqui
não esta noite

não é por causa da crítica
de ontem de manhã
dizendo
que minha atuação não tem nada a ver com medeia
não é porque
o crítico escreveu
que minha atuação não tem nada a ver com medeia
não é por isso
nem é porque eu tive que esperar meia hora pelo meu café agora há pouco
porque o menino do café ainda não tinha aberto o bar
não é por isso
também não é porque depois eu tive que pagar pelo meu próprio café
mesmo quando eu disse que estava aqui como convidada

e que estou aqui para me apresentar esta noite
e que ele
aquele menino do café
então me fala
"e daí"
não é por isso
"e daí"
não é isso

o "e da"
dele
não é a principal razão de eu não me apresentar
esta noite
não é o desdém daquele garoto
nem a falta de reconhecimento na minha chegada
não é porque não tinha ninguém lá para nos receber
nem pelo fato de que eu não conseguia achar a entrada dos artistas
o que me obrigou a andar três vezes ao redor do prédio
e quando entrei eu não sabia se deveria descer
ou subir a escada
é outra coisa
que me faz pensar
ou melhor sentir
porque eu na verdade não penso
eu não penso sobre isso realmente
eu apenas sinto neste instante
de repente também depois de ontem
quando mais uma vez não tinha ninguém no foyer
uma conversa depois da apresentação com umas quatro pessoas
e eu estou na minha cama às duas da manhã
e às duas da tarde de novo no trem de volta pra cá
que eu de repente senti
depois do menino do café não querer me servir
porque seu barzinho ainda não estava aberto
e ter me deixado esperando por meia hora
e depois me fazer pagar três euros
apesar de eu estar aqui como convidada
que eu não quero mais

eu não quero entrar em cena esta noite
não vai funcionar
eu não consigo
e não é por causa da crítica
daquela minicrítica
não é por isso
nem é aquele menino
a ausência de qualquer recepção
nem esse camarim debaixo de canos de esgoto
não é por tudo isso
que de repente eu quero ir para casa

o mundo não vai acabar sem mim
o mundo vai continuar girando suavemente à sua maneira
quando eu for agora devagar para a estação
pegar o trem de volta para casa
e curtir a paisagem pelo caminho
ainda vai estar claro
de fato
e em vez de estar em cena em uma hora e meia
estarei voltando
para casa
pegando um atalho
pelas ruas da minha cidade
e antes de entrar
eu vou sentar por um momento
eu tenho um banquinho perto da porta de entrada
e um jardinzinho lindo na frente
primeiro eu vou me sentar lá
contemplar e nada mais

e não é porque eu não consegui achar a entrada dos artistas
pela enésima vez
e depois tive que esperar por meia hora pelo meu café
não é por causa do desdém
do menino do café que diz para mim
"e daí"
quando eu digo para ele eu estou aqui como convidada
e que não deveria ter que pagar pelo meu café
não é por causa disso
não é por causa daquela crítica
dizendo
que o que eu faço não é medeia
não tem nada a ver com medeia

não é porque aqui é tão escuro
não é por causa da recepção fria
é outra coisa
alguma coisa maior
alguma coisa que me diz que eu não preciso estar aqui
que o mundo vai continuar girando sem mim
uma coisa que me diz
que realmente não importa se eu for para casa
alguma coisa que diz
que isso tudo não depende de mim
que eu não preciso fazer isso
que eu não preciso estar aqui
que isso ainda é escolha
o que estou fazendo aqui

e que esta noite eu não vou fazer
pela primeira vez eu não vou me apresentar
e de qualquer forma não vou fazer medeia esta noite

e não é
porque estamos debaixo dos banheiros
e não tem um pingo de luz do dia
sem toalha e sem sabão
e não é porque eu tive que pagar pelo meu próprio café
um cafezinho mixuruca frio e amargo
não é por isso
eu já bebi cafezinhos mixurucas frios e amargos antes
uma vez ou outra um cafezinho mixuruca frio e amargo é aceitável
mesmo se ele custar três euros
e não é por causa dessa crítica devastadora
e não é por causa daquele menino dizer
"e daí"
quando eu mencionei que estava aqui como convidada
não é por tudo isso
é por minha causa
ninguém mais além de mim mesma
que eu agora sinto ou percebo
ou penso
o que é isso
você não precisa estar aqui
não tem ninguém aqui que realmente se importe
se você está aqui ou não

e mais uma vez não é porque eu não consegui encontrar a entrada dos artistas
e mais uma vez fui obrigada a dar três voltas ao redor do prédio
e mais uma vez porque não tinha ninguém para nos receber
não é por tudo isso
é

é
é simplesmente porque eu penso
que eu poderia muito bem voltar para casa
e sentar no meu banquinho
e ver as rosas crescerem
e ver como as tumbérgias-azuis estão se alastrando
escutar o canto dos pássaros pretos no restinho de luz do sol
em vez de ficar aqui
eu poderia voltar para casa
ver o dia terminar
e ver como o dia vira noite
eu não vejo um dia terminar tem muito tempo
eu não estou lá fora durante o fim do dia tem muito tempo
eu não vejo um pôr do sol tem muito tempo
eu não vejo escurecer tem muito muito tempo
e de repente hoje pensei

que eu quero ver
vivenciar isso
porque na verdade não importa
se eu estou aqui
ou não
o mundo vai continuar a girar
o mundo não precisa de mim de jeito nenhum
dá pra ver e perceber isso em tudo
que o mundo vai girar sem mim como sempre faz

não é por causa da falta de recepção
nem da fala
"e daí"
não é por causa dos canos de esgoto em cima da minha cabeça

a ausência de luz do dia
de toalha e sabão
que eu de repente não quero mais

eu quero ir para casa
eu não vou me apresentar esta noite
e isso não é um desastre
talvez você pense que é um desastre
mas não é um desastre
na verdade não tem importância nenhuma
nenhuma
normalmente eu me apresento
eu simplesmente me apresento
aconteça o que acontecer
eu sempre me apresento
com ou sem voz
quer queira quer não
eu me apresento
faça chuva faça sol
indisposta ou cansada
eu me apresento
com ou sem público
eu me apresento
mas esta noite eu penso
ou sinto alguma coisa diferente
alguma coisa que é maior
alguma coisa que vê tudo
alguma coisa que relativiza as coisas
e diz
não importa
o que você faça

nada importa
você pode inclusive não se apresentar
você pode inclusive voltar para casa
porque na verdade não faz diferença

você pode pensar que as coisas são importantes
mas na verdade não são
você pode pensar que é importante
mas na realidade você não é
daqui a pouco eu vou para casa
vou pegar o trem e sentar no meu banquinho
e se eu tiver sorte eu vou conseguir ver como o dia vira noite
tem muito tempo que eu não vejo como o dia vira noite
que não ouço os pássaros cantar
nem vejo anoitecer
e não é por causa daquele café
pelo qual eu tive que esperar meia hora
e nem o desdém com que ele disse
"e daí"
nem os três euros que tive que pagar
por aquele cafezinho mixuruca frio e amargo
não é por tudo isso
eu só quero ir para casa
pegar uma taça de vinho
um cigarro
sentar e contemplar
simplesmente contemplar
nada mais
o mundo não acaba quando a gente decide
seguir um outro caminho pela primeira vez
só por uma vez

não correspondendo às expectativas
não importa o que aconteça
o mundo vai continuar a girar
mesmo que a gente diga "não" uma vez
mesmo que a gente decida não fazer algo
mesmo quando a coragem cede
mesmo quando a perseverança fraqueja
mesmo quando a gente para de sentir qualquer responsabilidade
e nosso senso de obrigação se despedaça
porque a gente não consegue continuar
fazendo obedientemente
o que o mundo espera da gente

eu vou dar uma pausa esta noite
nem que seja apenas para sentir
que essa liberdade ainda existe
e que o mundo não vai acabar
se por uma vez eu fizer uma coisa completamente diferente
do que normalmente eu teria feito

eu não vou entrar em cena
eu não vou mais fazer isso

por que justamente hoje
eu não sei
não é por causa daquele menino
e o
"e daí" dele
quando eu disse que estava aqui como convidada
nem por causa da falta de recepção
nem das toalhas que não estão lá

nem foi a crítica que me incomodou
eu já tive tantas críticas horríveis na minha vida
de críticos muito jovens também
que sempre pareceram saber mais que eu
mas não é por tudo isso
é outra coisa
não é culpa de ninguém
nem do menino
que me fez esperar meia hora pelo meu café
a única responsável
sou eu
eu
e ninguém mais
eu não quero mais
eu não consigo mais
e não é um desastre
parece um desastre
se eu passar por aquela porta
mas não é
é um incidente
um incidente minúsculo
dentro deste grande cenário
uma alfinetada
e nem isso talvez
atriz vai embora do teatro
atriz não entra em cena
atriz se recusa a se apresentar
isso não significa nada
depois de amanhã todo mundo vai ter esquecido
eu me permito
um pequeno momento de liberdade

nem que seja apenas para sentir
onde essa liberdade está em mim

eu nunca aleguei doença antes
eu nunca cancelei
mas hoje à noite eu vou dizer
eu não consigo entrar em cena
vou cancelar
eu não vou fazer

não tem medeia esta noite
exatamente como o título dessa crítica de ontem
não é medeia
a atuação da atriz
não é medeia
mas o que a minha atuação era
ele não disse
ele não teve espaço suficiente para isso
não teve palavras para isso
uma minicrítica
mas não é por isso
que eu estou indo embora agora
eu já tive tantas críticas ruins na minha vida
tanto bem escritas como mal escritas
não é por isso
isso você supera
cada vez mais rápido na verdade
sou eu
só eu
que quero ir embora daqui

eu poderia ficar
eu poderia secar as minhas mãos com papel higiênico
eu poderia lavá-las com shampoo
eu também poderia pagar o café com meu próprio dinheiro
eu tenho condições de bancar esses três euros
eu também poderia esperar meia hora por aquele café
tem um jornal lá
eu poderia me entreter
eu poderia ignorar essa recepção fria
e me aquecer
é claro que eu poderia fazer isso
eu poderia fazer tudo isso
eu sei
eu fiz isso ontem
e antes de ontem
mas hoje não
hoje eu não vou fazer nada
por que não hoje
se ontem eu fiz
eu não sei
é também um mistério para mim
mas eu não vou desvendar esse mistério

eu não vou analisar isso
ou relativizar
eu não vou me questionar nem me reprimir
eu não vou me reprimir
eu desisto
eu vou para casa

eu vou pegar o trem de volta para casa
deu

simplesmente deu
é isso
e é só
ontem não foi assim
mas hoje é
deu por hoje
eu não consigo me apresentar

não é pela recepção fria de hoje
e de ontem e de antes de ontem
nem por causa desse crítico jovem
não é por causa desse sistema humilhante de classificação com estrelas
só sou eu
eu não consigo enfrentar isso hoje
hoje eu não dou conta
como ontem eu dei
hoje não consigo fazer como consegui ontem
e como eu vim sendo capaz de fazer todos esses anos
sempre
por anos
de repente hoje eu não consigo mais
eu cheguei toda preparada
mas minha preparação e meu planejamento
caíram no nada
eu não sei exatamente o que está acontecendo
hoje alguma coisa não quer atender
a todas as expectativas
às expectativas dos outros
e à minha própria expectativa
e não é um desastre

o mundo vai continuar a girar
mesmo sem a minha presença
neste teatro

sem vontade
talvez seja isso
nenhuma vontade mais
será que eu deveria dizer
que eu não tenho mais vontade
ou
eu não tenho vontade neste momento
mas isso seria muito superficial
não ter vontade não abrange tudo
que eu sinto agora
e não é por causa daquele menino

que me fez pagar três euros
apesar de estar aqui
como convidada
é por minha causa
sou eu
não é por causa de mais ninguém
não é do diretor
nem dos assistentes
que realmente fazem o seu melhor
mesmo sem experiência
é por minha causa
acabou meu entusiasmo
eu perdi o meu amor
e é ruim
mas não é um desastre

essas coisas muitas vezes acontecem
alguém de repente dizer
já chega
eu não vou mais fazer
eu não consigo mais fazer
eu não vou mais participar
todo dia tem gente que para de fazer o que estava fazendo
assim
de repente
num instante
porque acabou
o amor
a dedicação
a disposição
a boa vontade
sempre aquela mesma boa vontade

isso significa desistir
de fato significa mesmo desistir de tudo
não é nenhuma novidade
eu não sou nenhuma novidade
todo dia tem gente que vai embora
que diz já chega já deu
eu vou até o trem e volto para casa
e sinto muito por vocês
eu devo pedir desculpa
eu quero pedir desculpa
sinto muito por vocês
porque não é culpa de ninguém

e certamente não é de vocês
não é por ninguém além de mim mesma que esta noite eu não
vou subir no palco

talvez eu nunca mais entre em cena
talvez eu nunca mais me apresente

quantas vezes acontece
de alguém fugir
de uma peça
e dizer
eu não consigo mais
não acontece com muita frequência
a nossa dedicação é interminável
o nosso compromisso com essa profissão
vai além de qualquer coisa
mas
eu não consigo mais
deu
o amor se foi
pode ser o momento pra outra coisa
pode ter acabado pra sempre
o amor entre mim e o palco
eu não me sinto traída
nem mesmo pelos políticos
mas
"há algo de podre"

chorei
chorei muito
ainda agora

não por alguma coisa específica
mas alguma coisa em geral
alguma coisa que está acontecendo
alguma coisa quase invisível
alguma coisa quase imperceptível
a perda de algo
ou de um valor
o sentimento de ter valor
aqui e agora
nesse lugar
eu não quero apontar dedos
porque não é culpa de ninguém
essa sensação que eu tenho de abandono
essa sensação que eu tenho de despertencimento
essa sensação que eu tenho de não me sentir mais em casa
a culpa é minha
eu chorei
eu
eu não vou apontar dedos
eu não sinto rancor
eu não estou buscando vingança
quando eu decido não me apresentar esta noite
não é um protesto
não é um ato de resistência
não é acerto de contas

não é crime
é uma decisão
que tomo
aqui e agora
e essa decisão não é inspirada em um deus

nem por uma situação conflituosa
é maior que isso
tem a ver com o momento
uma dinâmica
e comigo mesma que não me encaixo mais nisso
eu não estou reclamando
reclamar não é da minha natureza
é outra coisa
talvez seja a ausência de amor
o aumento da ignorância
e a indiferença
a ausência de alguma coisa fora do cotidiano
é por isso que eu digo
eu não posso mais
e eu posso sim
estou preparada
estou pronta
essa não é a questão
mas eu não posso mais
e isso é ruim
mas não é um desastre
quando eu for embora daqui a pouco e não me apresentar
agora parece grave
mas amanhã o impacto já vai ter sumido
voltamos ao dia a dia
não tem consequência alguma
uma alfinetada
nem isso
para mim
pode ainda ter consequências
talvez

mas o mundo não vai sofrer
não vai mudar
vai continuar girando suavemente pelo seu caminho

não é fácil ir embora de uma coisa pela qual você tem carinho
mas pode ser também um alívio
não fazer o que se espera de mim esta noite
e o que eu esperei de mim mesma
as minhas expectativas e as do mundo lá fora
estão todas confusas
as expectativas do mundo lá fora
não são mais as minhas
eu não espero mais de mim

o que o mundo lá fora espera de mim

eu sempre cumpro com as minhas obrigações
normalmente
eu cumpro meu dever
eu não sou alguém que desiste
ou cancela
ou alega doença
que vai embora e deixa na mão
eu não sou assim
você pode me chamar de uma pessoa leal
com tudo que me conecto
com isso
com isso aqui
e também com vocês
sim de fato
mas quão leal é ser leal consigo mesma

ser leal é só uma questão de vontade
uma coisa que você é porque quer ser
isso limita seu ponto de vista
porque você quer ser leal
independente
de tudo a que você se conecta
eu nunca digo não
isso eu não faço
eu enfrento tudo
eu não sou alguém que diz "não"
"não" não está no meu vocabulário
"sim" cria muito mais oportunidades
não é
e mesmo assim hoje eu digo não
eu não vou fazer
eu não vou entrar em cena
é um "não" que cresceu
bem devagar
eu nem percebi
mas esta noite está aí desse jeito
um "não" bem explícito
"não" eu não vou fazer medeia esta noite
sinto muito
por vocês
não é uma escolha de vocês
não é por causa de vocês
não é por causa de ninguém
sou só eu
é uma espécie de egoísmo que eu não consigo ignorar
e que não vai para lugar algum
a não ser me levar pra casa

eu vou sentar no meu banquinho
e assistir à luz do dia desaparecer
eu não faço algo simples assim tem muito tempo
só assistir a como as cores da luz desaparecem
e a como devagar e inevitavelmente tudo se torna menos nítido
não tem mais luzes brilhantes
não tem mais design glamoroso de luz
não tem procura por foco de luz
mas escuridão
para respirar
nada mais é esperado de mim
ninguém é obrigado a ficar dando voltas

eu vou sentar no meu banquinho e esperar até escurecer
e então vou continuar sentada
no escuro
ouvindo o que o silêncio deseja
e com certeza vou pensar
sobre a razão de ter fugido daqui
e como eu deixei todos vocês para trás
mas não vou me sentir culpada
pelo contrário
estou aliviada
terminou
talvez eu tenha encerrado aqui
talvez esse não seja mais o meu mundo
não é medeia
escreveu o crítico na sua minicrítica
mas o que era ele não disse
o que "não é" prevalece nas críticas
e em conversas de modo geral

mas o que é então é ignorado com frequência
porque a gente muitas vezes não sabe
exige muito mais esforço
achar o que alguma coisa é
do que o que não é
"não é" não exige nenhum argumento
"não é" tem a simples eficiência de cortar uma garganta
com uma lâmina
de jogar uma pedra pela janela
mas
não é por tudo isso
não é por causa daquela crítica
nem daquela classificação humilhante com estrelas
não é por isso
pela onipotência e onisciência do crítico
versus os que são os criadores
não é por causa do estrago
que acontece em duzentas e cinquenta palavras
ou em uma única palavra
às vezes acontece também

mas não é por isso tudo
que esta noite eu digo
eu não vou me apresentar
a culpa é minha
porque eu não aguento mais
o mundo não é o culpado
sou eu
que não quero mais participar
com que frequência acontece
de alguém sair

de uma peça
e dizer
eu não consigo mais
o amor acabou
meu entusiasmo acabou
terminou
entre mim e o palco
e não é que eu me sinta traída
pelos críticos
pelos diretores de teatro
pelos diretores de arte
produtores
nem pelos políticos
mas há algo de podre

chorei
eu chorei muito
ainda agora
não por alguma coisa específica
mas alguma coisa em geral
por alguma coisa que está acontecendo
quase invisível
quase imperceptível
você poderia dizer
a perda de alguma coisa
de valor
o sentimento
de ser valorizada
e de realmente significar alguma coisa
aqui neste lugar
mas eu não quero apontar dedos

porque não é culpa de ninguém
que eu me sinta abandonada
deslocada
o sentimento de não estar mais em casa
é culpa minha
sou eu que choro
eu
ninguém tem culpa pela minha tristeza
eu não sinto rancor
eu não estou buscando vingança
quando eu decido
não me apresentar esta noite
não é um protesto nem um ato de resistência
eu não quero arrastar ninguém comigo
é uma decisão
baseada em um sentimento
sem nenhuma premeditação
de repente deu
e a balança pesou
pro não
não
eu não vou fazer medeia
não esta noite
não amanhã
nunca mais

eu a amei
a personagem
a transformação
do sofrimento e da dor
as explosões de raiva e sua vingança

o papel não era para mim na verdade
e mesmo assim caiu como uma luva
eu não sou uma atriz de tragédias
mas eu pude me identificar completamente com ela
tão abandonada
tão rejeitada
tão humilhada
e então estragar a parte mais bonita de si
a coisa mais doce que tinha completamente destruída
os pilares que sustentavam sua existência quebrados
por vingança
vingança não é uma coisa que eu consideraria
mas eu a compreendo
o desejo de matar
querendo matar a coisa mais bonita
porque a coisa mais bonita em você foi morta
o amor
a dedicação
o compromisso total
sem dúvida
sem rede de proteção
mas tudo isso
tudo por amor
um homem uma profissão uma criança

eu amo teatro
ou
eu costumava amar
eu não tenho certeza
talvez saiba amanhã
hoje não sei de nada

tudo que eu sei é que daqui a pouco eu vou sair pela porta
pegar o trem de volta para casa
sentar no meu banquinho
esperar o dia virar noite
até cair a noite — cair a cortina
e a luz lentamente desaparecer
tudo virar breu enquanto estou sentada lá
e provavelmente ficar lá a noite toda
no preto mais escuro
sem nenhuma luz mais
só escuridão
e naquela escuridão
tem ar
e respiro
e espaço
e céu
estrelas
e a lua
ou
está nublado hoje
não tem lua para ser vista
e não tem estrelas
não importa como estava o tempo hoje
foi um dia bonito
vai ter um céu limpo esta noite

de qualquer maneira
eu vou

eu não consigo ir embora
eu percebo isso

mas eu também não posso ficar
eu gostaria de saber como isso vai acabar

estou cansada e já falei tudo
agora eu quero fechar a porta atrás de mim
e silenciar

não estar mais aos olhos do público
não estar mais no foco de luz
exposta
mas desaparecer
e quando eu penso naqueles que me conhecem
ou que vieram me ver
melhor não pensar nisso

CORO:
ela se foi
partiu
foi
embora do teatro

ela saiu pela porta
subiu as escadas
de novo não conseguiu achar a entrada dos artistas
e andou na direção oposta à do público que começava a chegar
pela entrada
passando pela bilheteria
saiu
ela foi para a estação
pegando um atalho
e lá esperou
esperou por um bom tempo até o trem certo chegar
ela não pegou o primeiro
nem o segundo
mas só o que veio depois
ela não tem mais pressa para chegar na hora em algum lugar
de repente ela tem todo o tempo do mundo
ainda está claro
enquanto ela passa
pela paisagem

não acontece com muita frequência
uma atriz deixar o teatro
antes de ter que entrar em cena
mas ela fez exatamente isso
hoje

ela chegou no limite
ela não conseguiu entrar em cena
ela não quis
não porque ela estivesse doente
ou porque ela não era mais fisicamente capaz
não foi por isso
tinha alguma outra coisa
impedindo
nenhuma discussão ou ansiedade indescritível
não foi por isso
foi alguma outra coisa
que fez com que ela decidisse hoje
pouco antes de entrar em cena
voltar para casa

ela vai sentar lá
vai sentar lá por um bom tempo
contemplando

tem o bastante para ver
tem um jardinzinho na frente
ela se levanta por um instante
e remove alguma coisa
folhas secas
uma rosa

ela saiu do teatro
ela não fez isso sem razão
não foi inspirada por um deus
ou conflito
foi alguma outra coisa

algo maior
intangível
que disse
eu preciso sair daqui
e daí ela foi
muito silenciosamente
muito calmamente
pelo que parecia
à primeira vista
ela parecia serena e muito calma
serena e calma como sempre aparentou ser
parecia externamente tão serena e tão calma
ela consegue aguentar muito
lidar com muita coisa
mas não aguenta tudo
ela não pode tolerar tudo
parece que ela concorda com tudo
mas ela não concorda

hoje foi o dia
ela deu um basta
e não é por causa daquele menino
não é por isso
nem pela recepção fria
nunca nem um aperto de mão caloroso
não é por isso
é outra coisa
uma coisa maior
que a fez
tomar a decisão de hoje
de não entrar em cena
mas voltar para casa

não é culpa de ninguém
é o que ela diz
de ninguém
exceto dela

já chega
ela disse
já deu

ela vai sentar na frente de sua casa
e vai assistir a como o dia vira noite
ela vai sentar no escuro por um bom tempo
refletindo sobre a sua decisão
de não fazer medeia esta noite
nem amanhã à noite
e provavelmente nunca mais
ela está pensando sobre isso
enquanto ela remove as folhas secas
e as rosas murchas

não é porque ela está no fim de sua carreira
de maneira alguma
continua muito ativa
e cada vez melhor
na verdade
ela se tornou cada vez melhor em seu ofício
e mesmo assim ela foi para casa hoje
com a decisão de não voltar mais para o teatro
nunca mais entrar em cena

por que hoje
e não ontem

nós não sabemos
nós nunca saberemos
quando de repente do nosso âmago mais profundo
tomamos uma decisão
quando de repente dizemos
já deu
já chega

nós não sabemos
e tampouco precisamos saber
ela está em casa
embora na verdade
devesse estar aqui conosco
em cena
mas ela não quer mais
não quer mais entrar em cena
não que ela não possa
ela pode
ela é muito capaz
ela é muito boa nisso
mas ela não consegue mais

é tudo o que se tem a dizer

deveríamos tê-la parado
deveríamos ter dito a ela
isso vai passar
isso vai ser esquecido
se recomponha e se vista
nós vamos fazer seu cabelo
sua maquiagem

vamos arrumar suas coisas
vamos contracenar com você
estaremos ali para dar as suas deixas
salvaremos a situação quando você não conseguir se lembrar
nós vamos te ralentar e acelerar quando for necessário
nós vamos te ajudar a passar por esta noite
e amanhã tudo vai estar como sempre
nós poderíamos ter dito isso
nós poderíamos ter feito isso
mas não fizemos
porque nós entendemos
entendemos exatamente por que as coisas aconteceram desse jeito
e o porquê de não poderem ser de outra forma
esta noite

ela partiu
saiu pela porta
na direção oposta à do público que começava a chegar
voltou para casa
e está sentada lá agora
encostada na fachada
ainda quente do sol
contemplando
ela não sabe o que sentir
ou como ela se sente
ela não sente nada
nenhum alívio
e nenhum arrependimento
não tem nenhum arrependimento
nenhum arrependimento e nenhuma incerteza

nenhuma culpa e nenhum vestígio de dúvida
ainda não prevê as consequências
ela as aceita conforme vierem
não pode fazer mais nada
isso é tudo
ela se foi
isso é tudo

nenhum medo do que virá
alguma coisa virá
alguma outra coisa virá
com certeza alguma coisa virá
vão cair em cima dela

não é uma coisa comum de acontecer
mas não poderia ter acontecido de outra maneira
uma despedida sem premeditação

quando ela saiu de casa mais cedo hoje à tarde
não tinha nada de errado
nem quando ela chegou
em algum momento entre o pedido do café
e a chegada ao camarim
aconteceu
não rápido
mas lentamente
sem uma razão óbvia
sem uma causa direta
não foi aquele menino
não foi ele
nem a ausência de recepção

sem aperto de mão
sem contato físico
com a anfitriã ou o anfitrião
foi outra coisa
que fez ela decidir voltar para casa
uma coisa maior que sentir falta de um aperto de mão ou
ter que pagar por um cafezinho mixuruca e amargo

alguma coisa que vê tudo
que dirige tudo
a fez decidir
em meia hora
sem nenhuma premeditação
ou alguma coisa que ela estivesse pensando há algum tempo
ela não estava pensando em nada quando chegou à tarde
tinha se preparado
chegou pronta
veio para apresentar
veio para entrar em cena
mas ela se recusou

nós não tentamos falar com ela
para fazê-la mudar de ideia
ou vir com contra-argumentos
porque não tínhamos nenhum
estávamos sem palavras
não conseguimos encontrar palavras de conforto
para amenizar as circunstâncias
nós não fomos capazes nem quisemos
porque entendemos
nós logo entendemos

completamente
a necessidade de sumir

de não estar mais aos olhos do público
de não estar mais no foco de luz
exposta
que ela não tinha outra escolha
a não ser ir embora
e não é que ela não pudesse mais
ou estivesse no fim de sua carreira
ah não
não
não foi bem isso
ela ainda é muito boa
uma excelente atriz
mas ela não quer mais
não quer mais ser uma excelente atriz
não se importa mais
se ela é uma excelente atriz ou não
ela sabe que é uma boa atriz
ela é uma boa atriz
mas esta noite ela decidiu
não fazer mais nada
algo se quebrou
sim
talvez tenha se quebrado
e não é por causa daquela classificação humilhante de estrelas
nem do menino com o
"e daí" dele
nem da ausência de uma recepção
é outra coisa

alguma coisa maior
e mesmo assim ela nem pensa nisso
encostada na fachada
enquanto vê o dia virar noite
ela não está tentando analisar
onde ou por que razão específica aconteceu
o que exatamente desencadeou a sua decisão de parar
ela nem para pra pensar nisso
não ainda essa noite
porque é desnecessário
ela sabe disso
ela aceita como um fato
procurar um porquê é desnecessário
um gasto de tempo e energia
porque não tem uma causa direta
nem se pode apontar um culpado
e a decisão não pode mais ser desfeita
ela parou
é um fato
e ela vai ter que viver com isso pelo resto da vida

ela sempre pensou que a arte seria uma completa realização
   para ela
que o amor entre ela e a arte nunca terminaria
não poderia prever que um dia a arte
mostraria um outro lado
que a arte também é suscetível ao dinheiro e à fama
ela não tinha entendido isso
no momento
que a escolheu incondicionalmente

e não ter filhos
porque isso atrapalharia
foi o que ela decidiu
influenciada por
por por por
como é
trabalho e inspiração
e tendo grandes aspirações
mas isso também significou encarar muitos desafios
com certeza
uma grande
luta
mas o amor pelo ofício é tão grande

de repente e inesperadamente
sem nenhum aviso
sem mais nem menos
sem dar nenhum motivo
ela está em casa
não tem ninguém lá
nem marido
nem criança
ela está sozinha com o dia
que lentamente vira noite
ela fica lá
até o breu total
sem buscar uma explicação
porque é inexplicável

ela nem sequer pensa nas consequências

e não tem medo
ela é destemida
o pior já passou
o abandono
o sentimento de não se sentir mais em casa no teatro

o despertencimento
e o momento breve de ruptura
saindo do teatro

o pior já passou
mas a parte mais difícil ainda está por vir
ser abandonado é difícil
mas se abandonar é provavelmente ainda pior
ter que admitir
que acabou
eu não consigo mais continuar
sem querer criar uma desculpa ou uma nova tentativa
mas um não profundo que se impõe sobre você
um não eu não quero mais
para não continuar mais fazendo
algo que você tanto amou e por tanto tempo
você tem que ser capaz de encarar isso
o não que se impôs sobre você
um "sim" implica entrega
mas se a entrega não recebe um retorno positivo
chega um não no lugar

e nós
e nós
poderíamos ter pensado

ou dito em voz alta
mas não pensamos assim
aceitamos que ela parou
de fazer o que para ela era mais precioso
que a sua coragem seja mais forte que a dúvida
que a sua convicção seja mais forte que a sua autocensura
que ela tenha lucidez
que ela tenha discernimento
que ela vá muito além de tudo isso
nós acreditamos que alguém é capaz de lidar com a perda
a perda daquilo que se gosta muito
mas que não se quer mais manter
porque não é mais
o que costumava ser
porque não é mais gratificante
como costumava ser
porque não satisfaz mais tanto
quanto costumava

às vezes se deseja mais de algo
do que esse algo pode lhe dar
então é preciso ajustar a intensidade da paixão

é porque os tempos mudaram
ela pensa que não
é ela mesma
não é mais o mundo
que está mudando

e nós mudamos com ele
as decisões fazem parte

mesmo a contragosto
apesar de todo bom comportamento e racionalidade
alguma coisa nos separa
das convenções e expectativas
alguma coisa vai contra as expectativas
sem resistência
mas por nós mesmos
alguma coisa que diz
levante e vá embora
vá para casa
suma de vista
e não participe mais disso

ela queria desesperadamente um papel
que refletisse como ela se sentia
ou se sentiu às vezes
as crises existenciais de sua vida
em cena
mas como se interpreta essa crise existencial em cena
nunca se vê dúvida em cena
nunca se vê realmente uma pessoa desesperada em cena

ela senta e contempla
ainda não está pensando nada
só sabe o que decidiu hoje
agora há pouco
chega de teatro
chega de teatro
chega de teatro

para ela o teatro não era mais o reflexo da realidade
a própria realidade não era mais reflexo da realidade

o que você vê há muito tempo não é mais a verdade ela disse
então como o teatro ainda pode ser verdadeiro
quando você vê pessoas ela disse
você só vê confiança
mas no fundo existe dúvida
do lado de fora nada se mostra além de autoconfiança
mas dentro está corroendo
dentro a inquietação da alma está lenta mas certamente
corroendo uma saída

me dei pra esse ofício
ela disse
e pra nada mais
é assim
chega um determinado momento em que não há mais nada

do que isso
isso aqui
trabalho trabalho trabalho
tudo sacrificado por esse ofício
isolada
deslocada
desanimada
ela não conseguia abandonar
a ideia
de que tudo poderia ter sido bem diferente
mas não foi dessa maneira
mas essa não é a razão por que
ela foi embora

ela se senta e vê como o dia vira noite
como as cores desaparecem da luz

como tudo lentamente se torna escuro
nem um pingo de luz
apenas escuridão
ela fica sentada a noite toda
no breu
e resiste
sem sono
o sono não vem
não é tomada por nenhum cansaço enquanto está sentada lá
nem também nenhuma força ou energia extra
ou excitação eufórica
seu corpo está em silêncio
ele não se move
ela não faz nenhum som
nem sequer arrasta o pé
uma motocicleta passa ao longe
ela está parada com os olhos atentos
não com olhar fixo ou com medo
não tem medo do que virá
isso é tudo
ficar sentada
aqui e agora
no silêncio da cidade
encostada na fachada
já não mais quente
a uma certa altura até fria
um momento de reviravolta em sua vida
o ponto morto

no qual o balanço para no ar
no ponto mais alto

antes de descer de novo
e vice-versa
antes de se mover do ponto mais baixo

de volta para o ponto mais alto
um momento neutro–zero
o momento em que você prende a respiração
o momento entre duas respirações
inspira
expira
e de novo inspira
e de novo expira

sem emoções
sem pensamentos
quase nenhum sentimento
só imagens
e escuta
dela mesma conversando na sua memória
e sua respiração
no aqui e agora
em um corpo que se mantém parado
um corpo estático que se mantém respirando
sempre se mantém respirando
mesmo nos momentos mais cruciais

não há muito o que ver
não há muito o que ouvir
só um suave
inspira
expira

e de novo inspira
e de novo expira

fica sentada daquele jeito por um bom tempo
não é mais dia
nem fim do dia
é quase noite
então ela se levanta
entra em casa
volta com um cigarro
que ela fuma bem lentamente
a ponta em brasa brilhando intensamente
e depois disso vem de novo o sentar
e contemplar
nada para se ver
e nada para se ouvir
só um respiro suave
inspira
expira
e de novo inspira
e de novo expira

ela não vai se deitar
ela não vai dormir
está sem sono
sem ansiedade
sem nenhuma sensação de alívio também
só essa respiração
fica sentada daquele jeito
e continua daquele jeito

um dia você toma uma decisão
que leva embora todas as decisões anteriores
e tudo em você diz
não faça isso
e tudo em você diz
faça
ela não teve escolha
aqui e agora
diante dos nossos olhos
nós desviamos o olhar
mas não nos distanciamos
nós ouvimos muito bem
nós a ouvimos e a entendemos
ouvimos suas falas
e a ouvimos silenciar
depois ouvimos suas falas de novo
e depois seu silêncio de novo
ouvimos seu silêncio por um longo tempo
e depois ouvimos suas falas de novo
nós a ouvimos se repetir
não a ouvimos se contradizer
nós a ouvimos sendo bem nítida
não ouvimos nenhuma hesitação
nenhuma reprovação
nenhum xingamento praguejamento ou vitimização
ouvimos uma nitidez em sua voz
e um tremor
ouvimos sua voz ficando mais alta e da mesma forma suave de novo
nós a ouvimos assumir toda a responsabilidade
e a ouvimos decidir

ouvimos como ela aceitou
nós a ouvimos elaborando e procurando frases
mas nenhuma outra frase apareceu
ela permaneceu nas mesmas frases
de fato isso foi dito em poucas frases
nós a ouvimos se despedir do teatro
da sua vida
do seu amor
nós então ouvimos a porta se abrir
e ouvimos a porta se fechar de novo

já deu
ela disse
já chega

porque ela não vai dormir
ela não vai acordar na manhã seguinte
não vai ter nenhum pressentimento quando se levantar
nenhuma vaga memória de ontem
ela ainda estará bem acordada
ontem ainda é hoje
e o que aconteceu por trás da cena
acabou de acontecer

Sobre a Coleção Dramaturgia Holandesa

A Coleção Dramaturgia teve seus primeiros títulos publicados em 2012, pela Editora Cobogó, com textos de jovens dramaturgos contemporâneos brasileiros. Com a ideia de registrar e refletir a respeito dos textos de teatro escritos em nosso tempo, no momento que as peças estavam sendo criadas e encenadas, esses livros chegaram às mãos de seus leitores — espectadores, estudantes, autores, atores e gente de teatro em geral — para ampliar as discussões sobre o papel do texto dramatúrgico, sobre o quanto esses textos são literatura, se bastava lê-los ou se seria preciso encená-los para se fazerem completos, e muito mais. Mais que as respostas a essas questões, queríamos trazer perguntas, debater modelos de escrita e seus desdobramentos cênicos, experimentar a leitura compartilhada dos textos, ou em silêncio, e ampliar o entendimento da potência da dramaturgia.

Nesse caminho, publicamos diversas peças de autores como Jô Bilac, Grace Passô, Patrick Pessoa, Marcio Abreu, Pedro Kosovski, Jhonny Salaberg, Felipe Rocha, Daniela Pereira de Carvalho, Jorge Furtado, Guel Arraes, Silvero Pereira, Vinicius Calderoni, Gregorio Duvivier, Luisa Arraes, Diogo Liberano e muitos outros. Trouxemos também para a coleção autores estrangeiros como Wajdi Mouawad (*Incêndios*), Daniel MacIvor (*Cine Monstro, In on It* e *A primeira vista*), Hanoch Levin (*Krum*) e mais recentemente Samuel Beckett (*Não eu, Passos* e *Cadência*), todos com suas versões para o português encenadas no Brasil.

Esse projeto de pequenos livros contendo cada um o texto dramático de uma peça, além de ensaios críticos sobre ela, se fez potente e foi ampliando o espaço que os livros de teatro ocupavam nas estantes das livrarias brasileiras. Se no começo nos víamos em pequeno volume nas prateleiras, com o tempo fomos testemunhando o crescimento dos volumes nas estantes, e mesmo o interesse de mais e mais autores de teatro, assim como de outras editoras, em publicar peças em livros.

Em 2015, ampliamos o espectro da coleção ao nos juntarmos a Márcia Dias e ao Núcleo dos Festivais Internacionais de Artes Cênicas do Brasil no projeto de difusão de dramaturgia estrangeira no Brasil e brasileira pelo mundo. Márcia, há anos a frente do TEMPO_FESTIVAL juntamente com César Augusto e Bia Junqueira, parceiros nossos em tantas publicações, convidou a Cobogó para ser a editora dos textos que vieram a constituir a Coleção Dramaturgia Espanhola, composta por dez livros com dez peças de dramaturgos espanhóis contemporâneos. Em 2019, foi a vez de a Dramaturgia Francesa virar coleção de livros, e dessa vez o projeto incluía, também, oito dramaturgos brasileiros a serem traduzidos e publicados na França. Numa troca de experiências interessantíssima, já que cada dramaturgo francês publicado no Brasil era traduzido pelo mesmo dramaturgo brasileiro, que seria traduzido por ele, para a publicação na França.

Em 10 anos e com mais de oitenta títulos de teatro publicados na Coleção Dramaturgia da Cobogó, publicar a Coleção Dramaturgia Holandesa é um desafio saboroso e instigante.

Pela primeira vez, nossos dramaturgos-tradutores não dominavam o idioma original e, com isso, era preciso trabalhar a partir de diferentes traduções de cada peça, por exemplo, para o inglês, o francês ou o alemão, com a imprescindível colaboração de Mariângela Guimarães e de sua experiência na tradução de textos originais do holandês para o português do Brasil.

Na tradução dos textos, não apenas a língua é vertida, como há também a adequação de referências culturais importantes para a estrutura dramática e narrativa das peças, que precisam ser trabalhadas a fim de trazer ao leitor brasileiro o universo do texto original, dos personagens e das situações, para que cheguem ao idioma de destino preservando a atmosfera do texto, embalado pelas novas palavras, agora em português, que reacendem e iluminam seus significados originais.

Traduzir é parte da prática teatral. Traduzem-se os textos para a cena. Gestos, falas, cenários, figurinos, luz, movimentos são todos, de certo modo, traduzidos a partir de ideias da dramaturgia, além de tantas outras que se constroem na prática teatral. Claro que nesse caso, uma tradução livre, por assim dizer, que toma as liberdades que cada artista envolvido no processo de construção do espetáculo desejar, levados pelas mãos do diretor.

Com o propósito de trazer para o público brasileiro as peças da Coleção Dramaturgia Holandesa, foram convidados os dramaturgos-tradutores Giovana Soar para *No canal à esquerda*, de Alex van Warmerdam; Newton Moreno para *A nação*, de Eric de Vroedt; Cris Larin para *Ressaca de palavras*, de Frank Siera; Ivam Cabral e Rodolfo García Vázquez para *Planeta Tudo*, de Esther Gerritsen; e Jonathan Andrade — o único com conhecimento do idioma holandês por ter vivido no Suriname na infância — para *Eu não vou fazer Medeia*, de Magne van den Berg.

É com imensa alegria que levamos aos leitores brasileiros mais esse incremento à Coleção Dramaturgia, ampliando essa parceria longeva e tão bem-vinda com Márcia Dias e o seu TEMPO_FESTIVAL, com o Núcleo dos Festivais Internacionais de Artes Cênicas do Brasil, com Anja Krans e o Performing Arts Fund NL e, acima de tudo, com o apoio fundamental do Dutch Foundation for Literature, na figura de Jane Dinmohamed, que, com seu programa de divulgação da literatura holandesa no mundo, tornou possível a realidade desses livros de Dramaturgia Holandesa no Brasil.

Isabel Diegues
Editora Cobogó

Sob as lentes da internacionalização de dramaturgias: Países Baixos em foco

Do Parque das Ruínas, avistamos frases que escorrem por um painel de led fixado num prédio no Centro do Rio de Janeiro. A distância de 2 quilômetros que nos separa é vencida pelas lentes da luneta que aperto contra meu olho. Focalizo minha atenção nos textos que integram "uma instalação onde os cariocas poderão se despedir de crenças, pensamentos e visões de mundo que estão com seus dias contados", como dizia o *release* da época. Essa experiência premonitória aconteceu no distante ano de 2012. A obra, que me convocou a pensar nas transformações do nosso tempo e a olhar novos futuros no horizonte, se chamava *Fare Thee Well,* ou *Adeus*, em tradução livre.

Esse trabalho, do artista Dries Verhoeven, integrou o Recorte da Cena Holandesa, apresentado pela curadoria da segunda edição do TEMPO_FESTIVAL. A obra nos aproximava das mudanças que vinham ocorrendo e, metaforicamente, tremulava pelo led cintilante diante dos nossos olhos: o mundo não é mais o mesmo. Embora seja uma memória distante, hoje, percebo quanto, naquele momento, *Fare Thee Well* antecipava e ampliava questões caras para mim e pelas quais eu iria me dedicar nos anos seguintes. Por outro ângulo, esse projeto foi responsável por me reaproximar da produção artística holandesa que me havia sido apresentada pelos artistas Cláudia Maoli e Carlos Lagoeiro, do grupo Munganga, radicados na Holanda desde o fim da década de 1980.[1]

Seguindo essa rota, o TEMPO_FESTIVAL ainda viabilizou a tradução do texto *Mac*, escrito por Jibbe Willems, e *Veneno*, de autoria de Lot Vekemans; idealizou, junto com Jorn Konijn, o projeto HOBRA durante os Jogos Olímpicos, que reuniu criações de artistas brasileiros e holandeses; coproduziu a exposição Adventures in Cross-Casting e a videoinstalação *Monólogos de gênero*, da artista visual Diana Blok; além de ter proposto a residência artística Vamos Fazer Nós Mesmos, com o coletivo Wunderbaum.

Ao longo dos anos, ampliei meu alcance de atuação e gerei aproximações entre países, culturas e visões de mundo. Investi em processos de intercâmbio, e assim nasceu o projeto Internacionalização de Dramaturgias. As primeiras experiências focaram em obras de autores espanhóis e franceses. Os textos traduzidos fazem parte da Coleção Dramaturgia, do catálogo da Editora Cobogó, e, com a colaboração dos parceiros do Núcleo dos Festivais de Artes Cênicas do Brasil, difundimos as obras pelo país. Juntos, envolvemos diferentes artistas nacionais de teatro, promovemos encontros entre encenadores e autores, incentivamos a realização das montagens das obras e estimulamos o intercâmbio de processos e procedimentos artísticos. Essas atividades geraram integração, fortaleceram as trocas

---

[1]. Depois do sucesso do premiado espetáculo *Bailei na curva*, no Rio de Janeiro, em 1985, participaram do Festival Internacional de Expressão Ibérica e decidiram seguir a vida na arte em Amsterdam. Criaram a Companhia Munganga, com a qual escreveram e produziram 26 espetáculos e, em 2014, inauguraram o Teatro Munganga, onde se apresentam e abrem espaço para outros artistas.

culturais e trouxeram ao público brasileiro uma visão atual e vibrante do Teatro produzido nesses países.

Agora, a terceira edição do projeto renova expectativas. Com a Coleção Dramaturgia Holandesa, as peças ganharão novos olhares que oferecerão abordagens e encenações singulares. Para a seleção dos textos, apresentei ao Performing Arts Fund NL os critérios que orientam o projeto: textos teatrais contemporâneos escritos por autores vivos; obras contempladas com, ao menos, um prêmio de dramaturgia no país; trabalhos com potencial de despertar o interesse do público brasileiro, pouco familiarizado com a produção holandesa. Na primeira etapa desse desafio, me debrucei sobre trinta textos com a ingrata tarefa de escolher apenas cinco obras de cinco autores. Os trabalhos reunidos nesta coleção, apesar das diferenças sociopolíticas e culturais, trazem diálogos, conflitos, reflexões e perspectivas que equilibram contraste e identificação.

Pela realização desta nova etapa, agradeço o apoio do Dutch Foundation for Literature, instituição que apoia escritores e tradutores e promove a literatura holandesa no exterior, e a reiterada confiança depositada no projeto pelo Performing Arts Fund NL, programa cultural do governo holandês que apoia diversos segmentos artísticos, com atenção especial à internacionalização, à diversidade cultural e ao empreendedorismo. Essas instituições foram fundamentais e deram lastro ao projeto de Internacionalização da Dramaturgia Holandesa. Esta jornada só foi possível com a parceria dos companheiros de aventura, a quem dedico meu carinho especial, como Anja Krans, com quem pude contar inúmeras vezes; a Editora Cobogó; aos integrantes do Núcleo dos Festivais Internacionais de Artes Cênicas do Brasil e aos meus parceiros do TEMPO_FESTIVAL, Bia Junqueira e César Augusto, que me emprestam energia e inspiração para seguir a travessia na busca de novos territórios.

Apesar dos tempos que correm, continuarei colocando artistas, obras e públicos em contato. Por onde avistar receptividade, ampliarei a biblioteca do projeto de Internacionalização de Dramaturgias. O mundo é grande e minha luneta, inquieta.

Márcia Dias
Diretora da Buenos Dias —
Projetos e Produções Culturais

Criando laços entre Brasil e Holanda

O Performing Arts Fund NL é o fundo nacional de cultura para teatro, música, teatro musical e dança da Holanda e fornece apoio, em nome do governo holandês, a todas as formas de arte das performances profissionais. Um dos nossos objetivos é promover internacionalmente a obra de dramaturgos contemporâneos baseados na Holanda. Em colaboração com Márcia Dias, do TEMPO_FESTIVAL, procuramos vozes interessantes do teatro atual e cinco peças teatrais de língua holandesa foram selecionadas para receber tradução brasileira. Essa seleção também retrata a multiplicidade de vozes e opiniões da sociedade moderna. Os textos são um reflexo do universo teatral holandês e ao mesmo tempo convidam profissionais brasileiros a criar laços entre os dois continentes e os dois países. A apresentação dessas obras no Brasil em festivais de prestígio, reunidos sob o nome Núcleo dos Festivais de Artes Cênicas do Brasil, fortalecerá ainda mais esses laços e contribuirá para o diálogo entre o Brasil e a Holanda — um intercâmbio crescente e permanente de arte e conhecimento que não pode ser paralisado pela pandemia.

Anja Krans
Gerente de programação — Performing Arts Fund NL

Para mais informações, visite https://fondspodiumkunsten.nl

Núcleo dos Festivais: Colecionar, um verbo que se conjuga junto

O Núcleo dos Festivais Internacionais de Artes Cênicas do Brasil está comprometido com o desenvolvimento socioeconômico e educacional, com o bem-estar e a promoção das artes cênicas do país. Sua missão é intensificar o intercâmbio cultural e estimular novas experiências artísticas. Desde 2003, os festivais que compõem o Núcleo, juntos, vêm formando uma rede em que circulam milhares de espetáculos e ações pelos estados da Bahia, de Minas Gerais, de Pernambuco, do Paraná, do Rio de Janeiro, do Rio Grande do Sul, de São Paulo e do Distrito Federal.

Márcia Dias, diretora e curadora do TEMPO_FESTIVAL, integrante do Núcleo e idealizadora do projeto de Internacionalização de Dramaturgias, convidou o coletivo para participar do projeto e, assim, ampliar a abrangência territorial e agregar um maior número de artistas e públicos. Essa relação e cooperação estimulou o intercâmbio, processos colaborativos de criação e a internacionalização de artistas e obras de artes cênicas. O Núcleo produziu as duas primeiras edições que traduziram as obras de autores espanhóis e franceses contemporâneos seguidas de encenação.

Em 2015, a Coleção Dramaturgia Espanhola gerou desdobramentos: quatro montagens teatrais,[1] uma indicação a prêmio[2] e a produção de um filme de longametragem exibido por diversos festivais.[3] Em 2019, foi realizada a Nova Dramaturgia Francesa e Brasileira. A segunda experiência do projeto construiu uma via de mão dupla, traduziu e difundiu a dramaturgia francesa para o português (Coleção Dramaturgia Francesa, Editora Cobogó) e textos brasileiros, traduzidos para o francês. Por conta da pandemia de covid-19, as ações decorrentes da tradução dos textos brasileiros para o francês precisaram ser reprogramadas para 2023, quando as leituras dramáticas ocupam o Théâtre National de La Colline, em Paris; Festival Actoral, em Marselha; e La Comédie de Saint-Étienne, na cidade que dá nome ao teatro.

Agora, a terceira edição do projeto de Internacionalização de Dramaturgias constrói uma parceria com os Países Baixos, em que artistas brasileiros de diferentes regiões do país traduzem as obras holandesas e realizam leituras dramáticas dos textos. Em formato de residência artística, encenadoras/es brasileiras/os, autoras/es holandesas/es e companhias de teatro locais compar-

---

1. *A paz perpétua*, de Juan Mayorga, direção de Aderbal Freire-Filho (2016), indicação ao 29º Prêmio Shell de Teatro na categoria de Melhor Direção e ao 11º Prêmio APTR nas categorias de Melhor Direção e Melhor Espetáculo; *O princípio de Arquimedes*, de Josep Maria Miró, direção de Daniel Dias da Silva, Rio de Janeiro (2017); *Atra Bílis*, de Laila Ripoll, direção de Hugo Rodas (2018); *CLIFF* (Precipício), de Alberto Conejero López, com Gustavo Gasparani, sob a direção de Fernando Philbert, que não estreou em 2021 por causa da pandemia.
2. Indicação na Categoria Especial do 5º Prêmio Questão de Crítica, 2016.
3. *Aos teus olhos*, adaptação de *O princípio de Arquimedes*, com direção de Carolina Jabor (2018), ganhou os prêmios de Melhor Roteiro (Lucas Paraizo), Ator (Daniel de Oliveira), Ator Coadjuvante (Marco Ricca) e Melhor Longa de Ficção, pelo voto popular, no Festival do Rio; o Prêmio Petrobras de Cinema, na 41ª Mostra de São Paulo, de Melhor Filme de Ficção Brasileiro; e os prêmios de Melhor Direção, no 25º Mix Brasil, e Melhor Filme da mostra SIGNIS, no 39º Festival de Havana.

tilham o processo criativo que apresentam ao público no lançamento das publicações, que acontece nos Festivais do Núcleo.

Nesta edição, foram convidadas/os para as traduções: Cris Larin (*Ressaca de palavras* [*Spraakwater*], de Frank Siera); Giovana Soar (*No canal à esquerda* [*Bij Het Kanaal Nar Links*], de Alex van Warmerdam); Ivam Cabral e Rodolfo García Vázquez (*Planeta Tudo* [*Allees*], de Esther Gerritsen); Jonathan Andrade (*Eu não vou fazer Medeia* [*Ik Speel Geen Medea*], de Magne van den Berg); e Newton Moreno (*A nação — Uma peça em seis episódios* [*The Nation*], de Eric de Vroedt). Esses textos que formam a Coleção Dramaturgia Holandesa, publicados pela Editora Cobogó, dão continuidade e ampliam a biblioteca do projeto e a disponibilidade de novos textos para criadores de língua portuguesa.

Fazer parte desse processo, conhecer a dramaturgia holandesa, gerar encontros entre artistas e promover novas experiências é uma maneira de nos aproximar e construir relações, verbos que ganharam outra dimensão com a pandemia. Neste projeto, o Núcleo dos Festivais Internacionais de Artes Cênicas do Brasil reafirma seu compromisso com a comunidade artística e seu papel no desenvolvimento do país, através da cultura. Colecionemos boas histórias, memórias e relações!

Núcleo dos Festivais Internacionais de Artes Cênicas do Brasil
Cena Contemporânea – Festival Internacional de Teatro de Brasília
Festival Internacional de Artes Cênicas da Bahia – FIAC BAHIA
Festival Internacional de Londrina – FILO
Festival Internacional de Teatro de São José do Rio Preto – FIT Rio Preto
Mostra Internacional de Teatro de São Paulo – MITsp
Porto Alegre em Cena – Festival Internacional de Artes Cênicas
RESIDE _ FIT/PE – Festival Internacional de Teatro de Pernambuco
TEMPO_FESTIVAL – Festival Internacional de Artes Cênicas do Rio de Janeiro

CIP-BRASIL. CATALOGAÇÃO NA PUBLICAÇÃO
SINDICATO NACIONAL DOS EDITORES DE LIVROS, RJ

B315e

Van Den Berg, Magne

Eu não vou fazer Medeia / Magne Van Den Berg ; tradução Jonathan Andrade ;[consultoria de tradução Mariângela Guimarães]. - 1. ed. - Rio de Janeiro : Cobogó, 2022.
88 p. ; 19 cm. (Dramaturgia holandesa)

Tradução de: Ik speel geen Medea
ISBN 978-65-5691-063-5

1. Teatro holandês. 2. Dramaturgia holandesa. I. Andrade, Jonathan. II. Guimarães, Mariângela. III. Título. IV. Série.

22-76820   CDD: 839.312
            CDU: 82-2(492)

Meri Gleice Rodrigues de Souza - Bibliotecária - CRB-7/6439

Nenhuma parte desta obra pode ser reproduzida, adaptada, encenada, registrada em imagem e/ou som, ou transmitida de nenhuma forma ou por nenhum meio sem a permissão expressa e por escrito da Editora Cobogó.

Todos os direitos em língua portuguesa reservados à
Editora de Livros Cobogó Ltda.
Rua Gen. Dionísio, 53, Humaitá
Rio de Janeiro — RJ — Brasil — 22271-050
www.cobogo.com.br

© Editora de Livros Cobogó, 2022

Editora-chefe
Isabel Diegues

Editora
Aïcha Barat

Gerente de produção
Melina Bial

Consultoria de tradução
Mariângela Guimarães

Revisão final
Eduardo Carneiro

Projeto gráfico de miolo e diagramação
Mari Taboada

Capa
Radiográfico

A Coleção Dramaturgia Holandesa faz parte do projeto de Internacionalização de Dramaturgias

Idealização
Márcia Dias

Direção artística e de produção
Márcia Dias

Coordenação geral Holanda
Anja Krans

Coordenação geral Brasil
Núcleo dos Festivais Internacionais de Artes Cênicas do Brasil

Realização
Buenos Dias
Projetos e Produções Culturais

Esta publicação foi viabilizada com apoio financeiro da Dutch Foundation for Literature.

Coleção Dramaturgia

ALGUÉM ACABA DE MORRER LÁ FORA, de Jô Bilac

NINGUÉM FALOU QUE SERIA FÁCIL, de Felipe Rocha

TRABALHOS DE AMORES QUASE PERDIDOS, de Pedro Brício

NEM UM DIA SE PASSA SEM NOTÍCIAS SUAS, de Daniela Pereira de Carvalho

OS ESTONIANOS, de Julia Spadaccini

PONTO DE FUGA, de Rodrigo Nogueira

POR ELISE, de Grace Passô

MARCHA PARA ZENTURO, de Grace Passô

AMORES SURDOS, de Grace Passô

CONGRESSO INTERNACIONAL DO MEDO, de Grace Passô

IN ON IT | A PRIMEIRA VISTA, de Daniel MacIvor

INCÊNDIOS, de Wajdi Mouawad

CINE MONSTRO, de Daniel MacIvor

CONSELHO DE CLASSE, de Jô Bilac

CARA DE CAVALO, de Pedro Kosovski

GARRAS CURVAS E UM CANTO SEDUTOR, de Daniele Avila Small

OS MAMUTES, de Jô Bilac

INFÂNCIA, TIROS E PLUMAS, de Jô Bilac

NEM MESMO TODO O OCEANO, adaptação de Inez Viana do romance de Alcione Araújo

NÔMADES, de Marcio Abreu e Patrick Pessoa

CARANGUEJO OVERDRIVE, de Pedro Kosovski

BR-TRANS, de Silvero Pereira

KRUM, de Hanoch Levin

MARÉ/PROJETO BRASIL, de Marcio Abreu

AS PALAVRAS E AS COISAS, de Pedro Brício

MATA TEU PAI, de Grace Passô

ÃRRÃ, de Vinicius Calderoni

JANIS, de Diogo Liberano

NÃO NEM NADA, de Vinicius Calderoni

CHORUME, de Vinicius Calderoni

GUANABARA CANIBAL, de Pedro Kosovski

TOM NA FAZENDA, de Michel Marc Bouchard

OS ARQUEÓLOGOS, de Vinicius Calderoni

ESCUTA!, de Francisco Ohana

ROSE, de Cecilia Ripoll

O ENIGMA DO BOM DIA, de Olga Almeida

A ÚLTIMA PEÇA, de Inez Viana

BURAQUINHOS OU O VENTO É INIMIGO DO PICUMÃ, de Jhonny Salaberg

PASSARINHO, de Ana Kutner

INSETOS, de Jô Bilac

A TROPA, de Gustavo Pinheiro

A GARAGEM, de Felipe Haiut

SILÊNCIO.DOC, de Marcelo Varzea

PRETO, de Grace Passô,
Marcio Abreu e Nadja Naira

MARTA, ROSA E JOÃO,
de Malu Galli

MATO CHEIO, de Carcaça
de Poéticas Negras

YELLOW BASTARD,
de Diogo Liberano

SINFONIA SONHO,
de Diogo Liberano

SÓ PERCEBO QUE ESTOU
CORRENDO QUANDO VEJO QUE
ESTOU CAINDO, de Lane Lopes

SAIA, de Marcéli Torquato

DESCULPE O TRANSTORNO,
de Jonatan Magella

TUKANKÁTON + O TERCEIRO
SINAL, de Otávio Frias Filho

SUELEN NARA IAN,
de Luisa Arraes

SÍSIFO, de Gregorio Duvivier
e Vinicius Calderoni

HOJE NÃO SAIO DAQUI,
de Cia Marginal e Jô Bilac

PARTO PAVILHÃO,
de Jhonny Salaberg

A MULHER ARRASTADA,
de Diones Camargo

CÉREBRO_CORAÇÃO,
de Mariana Lima

O DEBATE, de Guel Arraes
e Jorge Furtado

BICHOS DANÇANTES, de Alex Neoral

A ÁRVORE, de Silvia Gomez

CÃO GELADO, de Filipe Isensee

PRA ONDE QUER QUE EU VÁ SERÁ
EXÍLIO, de Suzana Velasco

DAS DORES, de Marcos Bassini

VOZES FEMININAS – NÃO EU,
PASSOS, CADÊNCIA,
de Samuel Beckett

PLAY BECKETT: UMA PANTOMIMA
E TRÊS DRAMATÍCULOS –
ATO SEM PALAVRAS II, COMÉDIA,
CATÁSTROFE, IMPROVISO DE OHIO,
de Samuel Beckett

COLEÇÃO DRAMATURGIA ESPANHOLA

A PAZ PERPÉTUA, de Juan Mayorga | Tradução Aderbal Freire-Filho

ATRA BÍLIS, de Laila Ripoll | Tradução Hugo Rodas

CACHORRO MORTO NA LAVANDERIA: OS FORTES, de Angélica Liddell | Tradução Beatriz Sayad

CLIFF (PRECIPÍCIO), de José Alberto Conejero | Tradução Fernando Yamamoto

DENTRO DA TERRA, de Paco Bezerra | Tradução Roberto Alvim

MÜNCHAUSEN, de Lucía Vilanova | Tradução Pedro Brício

NN12, de Gracia Morales | Tradução Gilberto Gawronski

O PRINCÍPIO DE ARQUIMEDES, de Josep Maria Miró i Coromina Tradução Luís Artur Nunes

OS CORPOS PERDIDOS, de José Manuel Mora | Tradução Cibele Forjaz

APRÈS MOI, LE DÉLUGE (DEPOIS DE MIM, O DILÚVIO), de Lluïsa Cunillé | Tradução Marcio Meirelles

COLEÇÃO DRAMATURGIA FRANCESA

É A VIDA, de Mohamed El Khatib | Tradução Gabriel F.

FIZ BEM?, de Pauline Sales | Tradução Pedro Kosovski

ONDE E QUANDO NÓS MORREMOS, de Riad Gahmi | Tradução Grupo Carmin

PULVERIZADOS, de Alexandra Badea | Tradução Marcio Abreu

EU CARREGUEI MEU PAI SOBRE MEUS OMBROS, de Fabrice Melquiot | Tradução Alexandre Dal Farra

HOMENS QUE CAEM, de Marion Aubert | Tradução Renato Forin Jr.

PUNHOS, de Pauline Peyrade | Tradução Grace Passô

QUEIMADURAS, de Hubert Colas | Tradução Jezebel De Carli

COLEÇÃO DRAMATURGIA HOLANDESA

EU NÃO VOU FAZER MEDEIA, de Magne van den Berg | Tradução Jonathan Andrade

RESSACA DE PALAVRAS, de Frank Siera | Tradução Cris Larin

PLANETA TUDO, de Esther Gerritsen | Tradução Ivam Cabral e Rodolfo García Vázquez

NO CANAL À ESQUERDA, de Alex van Warmerdam | Tradução Giovana Soar

A NAÇÃO - UMA PEÇA EM SEIS EPISÓDIOS, de Eric de Vroedt | Tradução Newton Moreno

2022

———————

1ª impressão

Este livro foi composto em Calluna.
Impresso pela BMF Gráfica e Editora
sobre Papel Polén Bold 70g/m².